Michael Felske

„Erzählen Sie etwas über sich!"

Im Vorstellungsgespräch einfach überzeugen

Bibliografische Information der Deutschen Nationalbibliothek:
Die Deutsche Nationalbibliothek verzeichnet diese
Publikation in der Deutschen Nationalbibliografie;
detaillierte bibliografische Daten sind im Internet über
http://dnb.dnb.de abrufbar.

Fotos: Michael Felske

Herstellung und Verlag: BoD – Books on Demand,
Norderstedt

ISBN: 978-3-7528-13357

Inhaltsverzeichnis

Vorwort

Jeder sagt: „Du musst Dich unterscheiden im Bewerbungsprozess!" "Leichter gesagt als getan", mögen Sie denken. Eine einfache Möglichkeit dazu zeigt Ihnen diese kleine Broschüre. In vielen Bewerbungsgesprächen ist die Aufforderung „Erzählen Sie etwas über sich" fester Bestandteil. Exakt hier lauert Ihre Chance, genau hier an dieser Stelle können Sie Eindruck machen und sich in das Gedächtnis der Anwesenden einbrennen. Entwerfen eine wahre Story, die einfach einzigartig ist, einen Vortrag, der fesselt und spannend ist und in Erinnerung bleibt, wenn es um die Auswertung der Gespräche geht. Wie das geht, zeigen Ihnen die Beispiele auf den nächsten Seiten.

Viel Erfolg dabei wünscht Ihnen Ihr

Michael Felske

Große Chance: Mit Worten den Haken auswerfen

Jeder mag Geschichten. Gute Filme servieren Geschichten, die wir für Jahre oder auch für immer (z.B. Bambi) nicht vergessen. Das Geheimnis dabei: Jeder von uns ist mit Geschichten aufgewachsen, jeder hat als Kind Geschichten vorgelesen bekommen und die Situation genossen. Das hat sich tief, ganz tief in unsere Psyche eingegraben und bleibt unser Leben lang. Genau das trifft auch auf Ihr Publikum im Vorstellungsgespräch zu. Auch diese Herrschaften – und wenn es der Aufsichtsratsvorsitzender aus Wolfsburg ist – mögen Geschichten. Ihre Kunst und Aufgabe ist es, eine kurze (zwei Minuten) Story zu entwerfen, die nicht nach Laberei klingt, sondern spannend ist UND informiert. Informieren muss sie über Ihre Persönlichkeit, Ihre Fachlichkeit und den Grund Ihrer Bewerbung auf genau die Stelle, für die Sie gerade eingeladen sind. Mit solch einer Story können Sie einen Haken auswerfen, auf den angebissen wird. In gleich der ersten wahren Beispielgeschichte lesen Sie wie das gewirkt hat. Sie sollen sich unterscheiden: Tun Sie das doch ganz einfach. Wie? Erarbeiten Sie Ihre Antwort auf genau diese Aufforderung „Erzählen Sie etwas über sich!" Was glauben Sie: Wie viele Ihrer Mitbewerber tun das? Kaum einer, richtig! Also, so einfach kann Unterscheidung sein. Los geht es!

Erzählen Sie mir etwas über sich und Ihre Person

Hier nach dieser Aufforderung ist sie gefragt, die eingedampfte Story Ihres beruflichen Lebens. Und es gibt aus meiner beruflichen Erfahrung kaum etwas, was wichtiger ist, als die perfekte und prompte Antwort auf diese Frage. Gestellt werden kann sie Ihnen übrigens mal so eben auch am Telefon. Im gesamten Bewerbungsprozess lauert sie hinter jeder Ecke. Ihr Job ist völlig klar: Bereiten Sie sich nachhaltig vor und üben Sie die Antwort daheim vor dem Spiegel.

Nachfolgend einige Beispiele, die Ihnen den eigenen Weg zur Antwort auf diese Aufforderung zeigen können:

Industriekauffrau wirft ihren Haken aus

Hier kommt gleich die, wie ich meine, beste Antwort auf die Aufforderung "Erzählen Sie etwas über sich!". Das Überzeugendste an dieser Antwort ist auch, dass ich nach einem zweitägigem Workshop zum Thema von der Teilnehmerin, die übrigens Metallbauerin und dann erst Industriekauffrau gelernt und abgeschlossen hatte, Feedback zur Wirkung in fünf (!) Vorstellungsgesprächen erhalten durfte. Sie erzählte in allen Gesprächen folgende Geschichte:

"Als ich 15 war hatte ich einen Traum: Ich wollte unbedingt eine Mofa. Nicht nur zum Fahren. Nein, zum Schrauben. Schon damals liebte ich den Geruch von

Öl und Benzin. Meine Eltern hatten kein Geld. Da habe ich Zeitungen ausgetragen. Eines Tages war es endlich soweit: Ich hatte das Geld zusammen. Kurz darauf stand sie vor mir - meine Mofa. Später dann nach der Mittleren Reife stand für mich fest: Es musste ein Metallberuf her. Also habe ich Metallbauerin gelernt. Später, nach sieben Jahren schulte ich auf Industriekauffrau um. Acht Jahre war ich als Kauffrau in der Metallbranche tätig. Ich genieße es, dass ich mit den Handwerkern auf Augenhöhe sprechen kann. Nun suche ich nach einer Tätigkeit in der ich meine beiden Leidenschaften erfolgreich ausleben kann. Deshalb habe ich mich bei Ihnen beworben!"

Was erzählt diese Frau über sich? Zugegeben, der Anfang ist geklaut. Martin Luther Kings "I had a dream that one day...." diente ihr als Vorlage. Dann berichtet sie von ihrer Vorliebe für das Schrauben, für den Geruch von Öl und dem Umgang mit Metall. Jeder der in dieser Branche tätig ist, wird wissen wovon sie redet. Darauf folgt die klassische Problemstellung wie in jedem guten Hollywoodstreifen: "Meine Eltern hatten kein Geld." Die Tür zur Mofa scheint verriegelt. Doch sie selbst liefert die Lösung, bereits als 15jährige: Sie geht arbeiten. "Da habe ich Zeitungen ausgetragen." Fleiß und Geld für das Unternehmen zu verdienen sind Aufgaben einer Industriekauffrau. Wicht auch, dass diese Geld zusammenhalten können. Die Kandidatin konnte es, denn sie hat sich das Geld für das Mofa zusammengespart, Euro für Euro. Und der Umgang mit dem Mofa hatte als Ergebnis, dass sie später für eine Ausbildung im Metallbereich unterschrieb. Ihr gelang es mit diesem Vortrag in wenigen Minuten, vielleicht zwei werden es gewesen sein, mehr über sich und die Affinität zu Metall und Industriekauffrau zu sagen, als andere es mit zwanzig Sätzen können. Und wie sie es erzählte wirkte psychologisch auf die Zuhörer. Geschichten wirken, Problemlösungen wird gerne zugehört und Heldinnen/Helden sind meist beliebt.

Diese Spezialistin erhielt fünf (!!!) Zusagen auf die fünf Bewerbungen. Sie entschied sich für ein Unternehmen und nahm ihre Arbeit auf. Nach zwei Monaten spürte sie, dass ihre erste Wahl doch nicht die richtige Entscheidung war. Sie telefonierte mit dem Unternehmen das bei ihr auf Platz zwei auf der Liste von damals stand. Der Gesprächspartner war einer derjenigen, der seinerzeit im Vorstellungsgespräch mit dabei war. Er fragte sie: "Sie sind doch die mit der Mofa, oder?" Sie antwortete mit Ja und wurde erneut eingeladen. Als sie die Geschäftsräume betrat lag bereits ein Arbeitsvertrag bereit. Sie arbeitet noch heute sehr sehr erfolgreich in diesem Unternehmen. So lebt sie ihre Leidenschaft Tag für Tag.

Der Vortrag blieb im Gedächtnis der Beteiligten im Vorstellungsgespräch wie der Haken im Fisch. Sie war "die mit der Mofa". Gestalten Sie für sich auch einen Vortrag, der hängen bleibt und den entscheidenden Auftakt und Anlass für Ihren Erfolg darstellt!

Die Aufforderung "Erzählen Sie etwas über sich!" stellt für Bewerber den größten Hebel dar, den Sie jemals psychologisch archetypisch einsetzen können. Beginnen Sie jetzt die Arbeit an Ihrem Vortrag!

Hausmeister hat mit Vater immer viel gebastelt

„Ich hatte eine schöne Kindheit mit Haus und Garten zum Spielen. Mein Vater hat mir allerdings auch gezeigt, welche Arbeiten und Tätigkeiten in einem Eigenheim so anfallen können. Er konfrontierte mich mit den vielfältigen Arbeiten, leitete mich an und motivierte mich ihm zu helfen. Ich war mit viel Freude dabei: Mit zehn Jahren habe ich schon den Rasen gemäht. Später kamen sogar auch kleinere Elektroarbeiten hinzu. Meinen Realschulabschluss absolvierte ich mit vorzüglichem Ergebnis in Mathematik. Dennoch war die handwerkliche Ausrichtung bei meiner Berufswahl entscheidend. Ich begann eine Lehre als Schiffsbauer bei der XXX-Werft. 20 Jahre habe ich erfolgreich mit Metall in allen Facetten und mit allen Methoden gearbeitet. Privat bastle ich auch mit Holz. Beide Materialien mag ich sehr. Nach der Auflösung der Werft nahm ich eine Tätigkeit als Hausmeister ins Visier und als neues Berufsziel. Hier wollte ich mein umfangreiches handwerkliches Geschick erfolgreich einbringen. So ergab sich das dann auch: Ich fand eine Stelle im Haus „XXX". Dort fühlte ich mich sehr wohl. Ich war zuständig für alles was so anfällt in Haus und Garten. Gelegentlich sogar auch als Fahrer. Das ist meine jetzige berufliche Schiene, auf der ich bei Ihnen weiter auf Erfolgskurs steuern möchte.

Deshalb freue ich mich über den heutigen Termin und über das Gespräch."

Verkäuferin stand als Kind im Kaufmannsladen

„Ich wollte schon immer Verkäuferin werden. Als kleines Mädchen besaß ich einen Kaufmannsladen und spielte immer damit. Die gesamte Verwandtschaft musste bei mir einkaufen. Nach der Schule absolvierte ich eine Ausbildung als Kauffrau im Einzelhandel und habe anschließend 25 Jahre im Beruf gearbeitet, Das hat mir stets Freude bereitet und Spaß gemacht. Besonders wichtig sind für mich der Kundenkontakt und freundliche Beratung. Teamarbeit steht bei mir ebenfalls ganz weit oben. Allein in einem Geschäft zu arbeiten, das kommt für mich nicht in Frage."

Frisör spürte früh Talent – Freundin saß Modell

„Früher hatte ich langes lockiges Haar. Als ich einmal bei Opa in den Ferien zu Gast war, wollte er mir unbedingt die Haare schneiden. Eines Tages war es dann so weit und kurzerhand waren meine Locken ab. Im Anschluss holte ich mir eine Schere und schnitt mir selbst auch noch die Haare nach. Dabei spürte ich, dass mir das ganz besondere Freude bereitete. Meine damalige Urlaubsfreundin musste am nächsten Tag als Modell herhalten. Übrigens: Ich konnte sie mit meinem Talent überzeugen. Die Frisur war O.K.

Später, als es um meine Berufswahl ging, da machte ich im Vorfeld der Ausbildung ein Schnupperpraktikum in einem Frisörstudio. Daraus wurde dann, weil ich mit Freude bei der Sache war, ein unterschriebener Ausbildungsvertrag. Nach der Ausbildung blieb ich weiter im Beruf. Ein bisschen Psychologie beim Kundenkontakt und fachliches Können- Zusammen ergibt das die Qualität, die mir wichtig ist. Der Beruf ist das was ich damals wollte und was ich heute nach 30 Jahren immer noch von ganzem Herzen liebe. Meine betriebsbedingte Kündigung eröffnet mir hier bei Ihnen neue Perspektiven."

Fachverkäuferin Fleischwaren hat Blut geleckt

„Ich wuchs in einem kleinen Dorf in der Nachbarschaft meiner Großeltern auf. Wegen meiner Einschulung mussten wir in die nächste Stadt umziehen. In den Ferien fuhr ich immer wieder liebend gerne zu meinen Großeltern. Die haben damals selbst geschlachtet und weil sie wussten, dass ich dies toll finde, legten sie die Termine in die Schulferien. So war ich immer dabei. Bei diesen Aktionen habe ich buchstäblich Blut geleckt. Alles um die Verarbeitung der Tiere, auch die Vorbereitungen und die anschließende Schlachtplatte hat mich brennend interessiert. Später beschloss ich, aus meiner Vorliebe einen Beruf zu machen. Ich fand einen Ausbildungsplatz zur Fachverkäuferin Fleischwaren. Aus dieser abgeschlossenen Ausbildung wurden insgesamt 37 Jahre Berufserfahrung, drei davon hier in XXX. In all den Jahren habe ich mich weiter gebildet und finde, dass der Kundenumgang und die Beratung neben allen fachlichen Qualitäten das Wichtigste sind."

Fachlagerist mag effektive Organisation

„Mein Name ist XXX und bin XX Jahre alt. Nach der Schule habe ich eine Bäckerlehre gemacht. Dabei ist mir aufgefallen, dass ich Ordnung mag und Dinge gerne eingeordnet habe. Damals waren es die Regale in der Bäckerei. So bin ich ins Lagerfach gekommen. Mit der Bäckerlehre habe ich aufgehört und dann eine Ausbildung als Fachlagerist erfolgreich abgeschlossen. Bei der Firma XXX war ich verantwortlich für Wareneingang und Qualitätskontrolle. Scannereinsatz, elegante und effektive Organisation, schlüssiges Packen ohne Extrawege: Das kann ich. Auch für die entsprechende Transportsicherheit bei der Verpackung zeichnete ich verantwortlich. Später bei der Firma XXXX konnte ich mein Talent in der Kommissionierung einsetzen. Sehr gute Erfahrungen habe ich im Umgang mit Kartonware und sperrigem Gut. Rohre und Betonplatten, damit kann ich sehr gut umgehen. Überhaupt habe ich in meiner beruflichen Laufbahn eine große Vielfalt von Aufgaben erledigt. Nun suche ich eine neue Aufgabe. Weil Sie für Ihr Lager einen Mitarbeiter suchen, der Dinge gerne bewegt, damit es richtig rund geht, habe ich mich bei Ihnen beworben...."

Angehende Erzieherin trainiert Fußballerinnen

„Mein Name ist XXX. Ich bin XX Jahre alt und habe ein Freiwilliges Soziales Jahr in einer Behinderteneinrichtung absolviert. Die Arbeit mit Menschen liegt mir: In meiner Freizeit arbeite ich als Trainerin einer Mädchen-Fußballmannschaft, leite einen Jugendclub und bin auch noch bei der Jugendfeuerwehr. Bei allen diesen ehrenamtlichen Tätigkeiten merke ich, dass ich beruflich im sozialpädagogischen Bereich auf dem richtigen Weg bin. Durch die Erfahrungen meiner Ehrenämter bin ich zum Entschluss gekommen, dass ich am liebsten mit Kindern arbeiten möchte. Privat habe ich stets auch einen guten Kontakt mit Kids. Darum bewerbe ich mich um den Ausbildungsplatz als sozialpädagogische Assistentin…"

Restaurantfachfrau wurde Dozentin in ihrer Schule

„Meinen ersten Beruf habe ich in der Landwirtschaft erlernt. Damals habe ich die Ausbildung als Agrotechnikerin erfolgreich abgeschlossen. Das hat mir prima gefallen und hatte damals sehr gute Perspektiven. Insbesondere durch mein anschließendes abgeschlossenes Studium zur Agraringenieurin hatte ich im Anschluss Möglichkeiten mehrere Jahre in der Pflanzenproduktion zu arbeiten. Über einen Zeitraum von fünf Jahren habe ich Kartoffeln gezüchtet und auch ein Forscherteam geleitet.

Nach der Wende war für mich eine Neuorientierung erforderlich. Ich absolvierte eine Umschulung zur Hotelfachfrau. Das war unheimlich spannend und interessant für mich. Die Schulleitung erkannte meine Motivation und mein fachliches Können: Ich wurde gebeten, als Dozentin im Hause tätig zu werden. Selbstverständlich habe ich gleich ja gesagt und im Anschluss für fünf Jahre als Dozentin in der Erwachsenenbildung für die Ausbildung und Umschulung zur Hotel- und Restaurantfachmann gearbeitet. Ich erteilte Unterricht in Theorie und Praxis. Nach meinem Umzug bin ich in die Praxis eingestiegen und habe zehn Jahre in einem Restaurant gearbeitet. In den ersten beiden Jahren habe ich auch im Bereich Housekeeping gearbeitet. Frühstücksservice und A-la-Carte waren meine Spezialität. Im Abendgeschäft habe ich auch große Erfahrungen. In Ihrem Betrieb war ich bereits einmal als Aushilfe im Einsatz. Nun möchte ich gerne in Vollzeit als qualitätsbewusste Angestellte bei Ihnen einsteigen...."

Lageristin hatte Einstieg als Klammer-Girl

„Über einen Zeitraum von insgesamt 26 Jahren habe ich in einer Firma viele Abteilungen durchlaufen. Zuerst war ich Klammer-Girl und musste Klammern sortieren und kontrollieren. Nach einem Jahr stand ich am Packtisch und sorgte dort dafür, dass es rund geht. Als Vorarbeiterin war ich für die Arbeitsplanung verantwortlich und musste die Mitarbeiterinnen einteilen. Später kam ich endlich in das Lager. Übrigens:

Da wollte ich immer schon hin. Dort durfte ich dann schienengebundene Flurförderfahrzeuge fahren und mit diesem Maschinen auf Paletten kommissionieren. Später lernte ich das Staplerfahren. Genauer gesagt das Fahren von Hochregalstaplern. Da war ich richtig gut. Beim Bodenpersonal wie wir scherzhaft sagten war ich auch im Einsatz. Hier konnte ich mein Talent bei der Warenannahme einsetzen. Eigenständig habe ich den Inlandbetrieb und den Export gemacht. Dabei gehörten Frachtpapiererstellung und Order von Lkws auch zu meinen Aufgaben. Freie Kapazitäten nutzte ich als zuverlässiges Mitglied der Werksfeuerwehr. Sehr gerne will ich in Ihrem Betrieb als Fachlageristin arbeiten oder als Maschinenfahrerin. Deshalb habe ich mich bei Ihnen beworben…"

Qualitätskontrolleurin mit sicherem Blick

„Pianistin war mein Traumberuf. Mit neun Jahren bekam ich einen kleinen Flügel und übte fleißig ohne Noten zu lernen. Als es um die Berufsausbildung ging, schied Pianistin aus. Ich wollte lieber in eine Bäckerei. Dies kam aber wegen des Nachtarbeitsverbotes für Frauen nicht in Frage. Entschieden habe ich mich dann für eine Ausbildung zur Lebensmittelverkäuferin. Die zog ich durch und hatte wirklich auch viel Spaß bei der Arbeit und mit Kollegen und Kunden. Nach der Ausbildung wechselte ich in einen anderen Lebensmittelladen und arbeitet dort für eine Zeit. Dann bekam ich ein Angebot von einem Technischen Betrieb, der Dichtungen herstellte. Ich griff zu und wurde Mitarbeiterin in der Musterproduktion. Dabei habe ich viele verschiedene Werkzeuge kennen gelernt. Im Betrieb wurden Mitarbeiter für die Fertigungssicherung gesucht. Ich war dabei und blieb dort sechs Jahre. Später war ich mehr als zehn Jahre in der Qualitäts- und Endkontrolle tätig. Meine Reklamationsrate war verschwinden gering: Insgesamt gab es zwei Fälle und in beiden war ich nicht verantwortliche Verursacherin. Weitere Stationen waren Produktion von Schwingungsdämpfern. Auch hier zeichnete ich für die Prüfung verantwortlich. Später auch bei der Kontrolle von Prototypen. Qualitätsprüfung, Verpackung und Versand waren meine Aufgaben. Bis zur Wegrationalisierung habe ich in diesem Sektor gearbeitet. Nun möchte ich meinen sicheren Blick für Qualität in der Fertigung in Ihrem Betrieb erfolgreich einsetzen…"

Vertriebsmitarbeiterin mit Kommunikationstalent

„Nach der Mittleren Reife war ich als Dispacheur tätig. Als gelernte Bürogehilfin war ich für Rechnungserstellung, allgemeine Bürotätigkeiten und die Führung der Kasse verantwortlich. Nach meinem Wechsel zu einer Spedition konnte ich mein kommunikatives Talent im Empfang und als Leiterin der Telefonzentrale einsetzen. Die Besucherbetreuung lag ebenfalls in meinen Händen. Ich wollte aber viel mehr machen und fand nach 1,5 Jahren eine andere Spedition. Hier war ich in den Bereichen Marketing und Werbung im Einsatz. Neben den allgemeinen

Bürotätigkeiten war ich die treibende Kraft bei der Erstellung von Informations-E-Mails und auch für das Sekretariat. Reklamationsbearbeitung und Beschwerdemanagement zählten ebenso zu meinen Aufgaben wie Statistik und die Telefonzentrale. Später wechselte ich zu XXX. Über den Zeitraum von zehn Jahren arbeitete ich erfolgreich im Kundendienst. Insbesondere die Betreuung von Großkunden war meine Aufgabe. Der Umgang mit Menschen, speziell auch am Telefon, liegt mir richtig gut. Dieses Talent kommt mir insbesondere bei Beschwerden richtig zu gute. Ich habe in der Zeit sehr viel gelernt wie man mit Menschen umgeht. Und: Ich habe sehr viel positives Feedback von Kunden bekommen. In dieser Tätigkeit wurde ich weg rationalisiert und wechselte in die Technikabteilung. Angebotserstellung, Kostenoptimierung und Dokumentation waren meine hauptsächlichen Aufgaben. Auch diese Stelle wurde weg rationalisiert, der Standort aufgelöst. In Ihrem Unternehmen habe ich mich für die Abtl. Kundenbetreuung beworben weil ich das richtig gut und effektiv kann. Das hat meine berufliche Vergangenheit gezeigt...."

KFZ-Meister mit offenem Ohr für junge Mitarbeiter

„In den letzten sieben Jahren habe ich in einer Freien Werkstatt gearbeitet. Ich war für alles zuständig: Reparaturannahme, Rechnungen schreiben, Personalplanung und Kundenberatung. Außerdem habe ich auch als Mechatroniker mitgearbeitet. In dieser Zeit habe ich fast alle Marken und ihre Macken kennen gelernt. Vorher war ich vier Jahre in einem Autohaus der Marke XXX im Einsatz. Gelernt habe ich bei der Marke YYY. In Zukunft möchte ich gerne weiterhin mit Kunden zu tun haben. Allerdings liegt mir die qualifizierte Mitarbeit in der Werkstatt auch sehr. Wie Sie hören: Ich bin vielseitig einsetzbar und stets dabei alles bestens zu erledigen. Sehr gute Erfahrungen habe ich auch als Ausbilder. Ein Meister kümmert sich eben um die Weiterentwicklung seiner Lehrlinge. Als mitarbeitender Meister habe ich ihnen vieles beigebracht und hatte auch immer ein offenes Ohr für die Probleme junger Menschen. Dabei konnte ich mein pädagogisches Geschick oft unter Beweis stellen. Nun möchte ich gerne bei Ihnen als erfahrener Meister arbeiten, weil ich über Ihren Betrieb viel Gutes gehört habe. Dies bezieht sich auf die geleistete Arbeitsqualität. Und genau diese ist mir besonders wichtig. Aus diesem Grunde sitze ich jetzt hier."

Maurer erschuf Dinge aus dem Nichts

„Hecke schneiden und Rasen mähen: Das habe ich schon als Jugendlicher auf dem Grundstück meiner Eltern gelernt. Spaß gemacht hat es auch. Ich halte mich gerne im Freien auf und arbeite auch gerne so. Nach der Schule kam meine Maurerlehre. Hier konnte ich mich austoben und gemeinsam mit anderen Dinge aus dem Nichts erschaffen. Das hat mir sehr viel Freude bereitet. Nach der Ausbildung fand ich rasch einen Job bei XX. Das war ein Druckgussunternehmen und ich war verantwortlich für die Qualitätskontrolle und den Nachschub an Material. Das kann ich richtig gut. Da habe ich einen Blick dafür: Schließlich ist es wichtig wenn alles rund läuft. Hier konnte ich mich mit meinem Talent richtig einbringen."

Kauffrau im Einzelhandel erfand „Peep-Show"

„Meine Eltern haben mir folgende Geschichte aus meinem Leben erzählt: Mein Vater war Schuldirektor. Nach meiner Einschulung haben Lehrer ihm berichtet, dass auf dem Schulhof in den Pausen stets ein Auflauf von Schülerinnen und Schülern stattfand. Mitten drin stand wohl ich und habe anderen Schülern gegen Geld Fotografien aus dem Privatleben meines Vaters gezeigt. Einen Kaufmannladen hatte ich auch... Aus meiner damaligen frühen Neigung zur ausgesprochenen Geschäftstüchtigkeit wurde die Berufsausbildung zur Kauffrau im Einzelhandel mit anschließender Tätigkeit im Einkauf. Da war ich in meinem Element. Später orientierte ich mich neu und begann eine Tätigkeit in einer Umzugsspedition. Dort war mein Organisationstalent gefragt. Es hat viel Spaß gemacht und gerade in dieser Firma habe ich viele verschiedene Menschen kennen gelernt. Eine Berufstätigkeit mit einer gelungenen Mischung aus Kundenkontakt, Teamarbeit und Verkauf: Das ist meine Welt!"

VORSTELLUNGSGESPRÄCH

KÖRPERSPRACHE DOMINIERT!

MIT 55% IST ES DIE KÖRPERSPRACHE, DIE VON IHNEN ERZÄHLT. ÜBEN SIE IHR GESPRÄCH VOR DEM SPIEGEL ODER EINER KAMERA.

HTTP://ANDERSBEWERBEN.WORDPRESS.COM

Lagerarbeiter findet handwerkliche Arbeit Klasse

„Ich bin im Ruhrgebiet aufgewachsen und in Schleswig-Holstein. Als ich sieben Jahre alt war, zogen wir nach Lübeck. Ich habe sieben Geschwister. Teamarbeit ist wichtig? Ich kenne es also gar nicht anders. Immer habe ich gerne mit anderen Menschen zusammen gearbeitet und hatte mit vielen Menschen zu tun. Ich bin ein ausgesprochener Teamplayer. Gleich nach der Schule habe ich bei XXXXX als Fliesensortierer und in der Verpackung angefangen. Dann kam die Tätigkeit als Maschinenführer in der Glasierung. Hier war ich auch zuständig für die Wartung der Anlagen. Und: Ich kann nur sagen, ich handwerkliche Tätigkeit wirklich Klasse finde. Im Anschluss, bei der Firma XXX habe ich in der Reparatur gearbeitet. Maschinen auseinander nehmen und zusammensetzen, Kabinenumbau, Staplerfahren, Transport- und Lagerarbeiten: Das kann ich und will ich!"

Schlosser mit Stolz und Freude

„Nach dem Hauptschulabschluss habe ich eine Metallberufsschule besucht. Was man alles mit dem Material Metall so machen kann, das fand ich wirklich toll. Dann habe ich mich um einen Ausbildungsplatz als Schlosser beworben, eine Lehrstelle gefunden und die Ausbildung auch abgeschlossen. Bauen und Schweißen machen mir Spaß. Ich komme sehr viel auf den verschiedenen Baustellen herum und lerne andere Gewerke kennen. Materialien zu verbinden und Neues zu schaffen: Das ist Klasse. Nachher, wenn alles fertig ist, einen Schritt zurück zu machen, das Werk bestaunen und sich sagen zu können: „Da habe

ich mit gebaut!" Das erfüllt mich mit Stolz und Freude."

Fleischermeister war als Kind schon fasziniert

„1960 fing alles an. Neben meinem Elternhaus war
eine Fleischerei. Am Schaufenster stand ich und sah
den Gesellen bei der Arbeit zu. Damals als 12jähriger
habe ich sie bewundert. Ihre Arbeit fand ich faszinie-
rend. 1964 habe ich diese jugendliche Leidenschaft
zum Beruf gemacht. Nach drei Jahren fand ich einen
Job in der Produktion: Dort habe ich eine Menge dazu
gelernt. Später plante ich die Meisterausbildung in
Frankfurt. Ich wollte etwas erreichen und hohe Qualität in meiner Arbeit liefern. Nach bestandener Prüfung las ich eine Stellenanzeige „XXX sucht Fleischer-
meister". Aus dem Vorstellungsgespräch wurde ein
Arbeitsvertrag und ein Beschäftigungsverhältnis mit
einer Dauer von 23 Jahren. Im Anschluss bewies ich
meine umfangreichen Kompetenzen, auch als Ausbilder, in Hamburg und hier bei XXX."

Über den Andersbewerben-Blog

24. APRIL 2018 VON MICHAEL FELSKE · BEARBEITEN

Eine Industriekauffrau wirft ihren Haken aus!

Hier kommt die wie ich meine beste Antwort auf die Aufforderung „Erzählen Sie etwas über sich!". Das beste an dieser Antwort ist auch, dass ich nach einem zweitägigem Workshop zum Thema von der Teilnehmerin, die übrigens Metallbauerin und dann erst Industriekauffrau gelernt und abgeschlossen hatte, Feedback zur Wirkung in fünf (!) Vorstellungsgesprächen erhalten durfte. Sie erzählte in allen Gesprächen folgende Geschichte:

Unter der Adresse andersbewerben.wordpress.com finden Sie mein Blog, das sich umfassend mit dem Thema Bewerbung befasst. Anleitungen für Bewerbungsbriefe finden Sie dort ebenso wie mögliche Antworten auf Fragen des Vorstellungsgesprächs, Anleitungen Arbeitszeugnisse zu decodieren und vieles mehr.

Über den Account bei Instagram

Geben Sie „andersbewerben" in der Suchmaske bei Instagram ein, dann finden Sie rasch meinen Account rund um das Thema Bewerbung. Hier serviere ich Schrifttafeln mit einzelnen Bewerbungstipps.

VORSTELLUNGSGESPRÄCH

SELBSTBEWUSST MEINT NICHT „FORSCH"!

SIE ÜBERLASSEN BESSER DEM PERSONALER DIE FÜHRUNG DES GESPRÄCHS.

HTTP://ANDERSBEWERBEN.WORDPRESS.COM

Über den Autor

Der Soziologe Michael Felske war nach dem Studium der Publizistik, Soziologie, Psychologie und Politik ein Jahrzehnt als Unterhaltungskünstler mit einem eigenen Theater tätig. Später nahm er ein Angebot eines großen Tageszeitungsverlages an und arbeitete weitere zehn Jahre als verantwortlicher Alleinredakteur. In diesem Zeitraum brachte ihn eine Pfarrerin auf den Gedanken in der Erwachsenenbildung tätig zu sein. Auf Familienwochenenden für diese Kirchengemeinde folgten beinahe zwei Jahrzehnte als Bewerbungstrainer und Coach. Spezialität waren stets Vorstellungsgespräch und die Vorbereitung von Präsentationen. Publizistisch ist Felske auch aktiv im Themenbereich „Demenz" tätig: Es existieren sieben Veröffentlichungen zur sogenannten „10-Minuten-Aktivierung". Als Bücher in Planung sind „Vorstellungsgespräch erfolgreich absolvieren" und „Das einfache Rezept für Ihre erfolgreiche Bewerbung".

Aktuell (2018) ist der Autor als Angestellter im öffentlichen Dienst im Bereich Arbeitsvermittlung tätig.